主　编 —— 袁岚峰
执行主编 —— 张周项

了不起的仿生科技

张周项 —— 著
苏奕妍 —— 绘

CTS K 湖南科学技术出版社·长沙

推荐序

亲爱的孩子们，当我翻开《我是未来科学家》这套书时，我仿佛看到了科学的无限可能，也看到了你们充满好奇和渴望知识的眼睛。科学，是一场永无止境的探险。小时候在乡村的生活，让我受到了大自然的熏陶和感染，对科学好奇的种子或许那时就已经萌发。然而，我的科学之旅，可以说是一本《化石》杂志开启的。那是我在高中时期，一次偶然的机会，班主任为我们订阅了这本杂志，它让我第一次近距离接触到地球与生命科学的世界。在科研的道路上，我经历了不少的挑战与困难，但我始终保持着那份对科学的好奇与热爱。

在 21 世纪的今天，科学的发展日新月异，科学不仅仅是实验室里的研究，它更是推动社会进步、改善人类生活的强大力量。前沿科学代表着科技发展的最先进部分，是推动社会进步和持续发展的重要力量。普及前沿科学，对于提高公众的科学素质、培养孩子的科学精神和创新意识具有重要意义。它不仅能够拓宽你们的科学视野，还能够激发你们对未知世界的探索欲望，为未来的科技创新储备人才。

这套书，就像是一扇通往科学世界的窗户，让你们能够窥见前沿科技的魅力。在《我是未来科学家》中，10位专家为孩子们呈现了人工智能、生命科学、能源开发、量子科技、虚拟世界、太空探索等10个领域的最新技术及原理、实际应用以及改变世界的力量，讲述了科学家奋斗的艰辛历程。这套书不仅展示了科技的巨大潜力，也为我们指明了未来发展和前进的方向。孩子们将在书中感受到，科学并非遥不可及，而是就在我们的生活中，只要我们用心去发现，就能找到它的踪迹，激励我们去追寻那些尚未被揭示的科学奥秘，去挑战那些看似不可能的问题。

孩子们，你们是科学的未来，是国家的希望。期待你们在阅读这套书的过程中，能够感受到科学的魅力，激发起对科学的热爱和追求。希望你们保持对科学的好奇心，勇于挑战未知，成为未来的科学家和创造者。

最后，我要感谢这套书的编创团队，他们用生动的语言和精彩的故事，为大家描绘了一个充满奇幻和奥秘的科学世界。我相信，在这套书的陪伴下，你们一定能够放飞科学的梦想，探索未知、创造未来！

中国科学院 周忠和

你见过飞机起飞吗？

随着发动机一阵轰鸣，飞机在跑道上越跑越快，最后昂首一飞冲天，带着乘客飞向云霄。

当你坐在飞机上看蓝天白云时，有没有想过：鸟和飞机同样都在空中翱翔，可是鸟需要扇动翅膀，而飞机为什么不扇动翅膀也能飞呢？

在很久很久以前，人类抬头仰望着蓝天，羡慕地看着鸟儿自由自在地翱翔时，心中就种下了一个梦想：如果我们也能飞该多好！

《汉书》中有记载，2000多年前，就有人尝试给胳膊绑上翅膀、身上插满羽毛，边弹跳边拍打着翅膀想学鸟飞起来。后来皇帝让他演示，他在空中扑扇了一百多步才掉下来。

500多年前的欧洲，意大利的发明家达·芬奇也尝试设计了一种像鸟一样扑扇翅膀的飞行器，又被称为扑翼机，但遗憾的是他一直没有成功将其制造出来。

像在身上绑上羽毛这样的做法，即通过观察并模仿生物的一些特性来开发新技术，就属于仿生学范畴。

仿生学是一门历史悠久的学问，它代表着人类向动植物学习、从大自然中汲取的智慧结晶。

早在新石器时代，人类就开始通过观察学习，模仿虎豹的尖牙利爪，把石片削尖当作自己的爪牙进行狩猎，这是仿生学原始的形态。

在古装剧里，大家会看到古代勇士们穿的盔甲，这种盔甲是用像鱼鳞一样的细小金属片串成的，所以得名“鱼鳞甲”。

虽然名字里带“鱼鳞”二字，但其实各地制作它的灵感来源并不仅仅是鱼鳞。穿山甲、鳄鱼、蛇等身上长有防御性鳞片的动物，都是人们设计这种盔甲时的灵感源泉。

在 2000 多年前，中亚的游牧民族斯基泰人就开始研究鱼鳞甲了，后来这种技术在古代东亚得到了进一步发展和完善。

精益求精的盔甲匠们在盔甲的不同部位安装上不同大小、不同形状的鳞片，然后再用耐磨的牛皮绳将它们串起来。

这样，盔甲在保护人们安全的同时，也能最大限度地保持灵活性。

在战争史上，很多地区也曾经开发过不用甲片，而是用大块金属套在身上的板甲。

这种板甲非常坚硬，但缺乏灵活性，使用场景也相对受限。

披甲人一旦被绊倒就很难爬起来，只能躺地上任人宰割，因此被戏称为“罐头骑士”。

无论是身上绑羽毛、削尖石块，还是串铁片做盔甲，这些都是通过观察动植物的外形、动作等显而易见的特点进行模仿。

这个阶段的仿生学相对比较简单，但也是我们向大自然学习的开始。

这些简单的模仿应用在生活中无处不在。

当你拆快递的时候，有没有注意到纸板箱是由两层平纸板和一层波浪形纸板组成的呢？

纸板上还可能有更细小的波纹，跟餐桌上的扇贝纹理非常相似。这是 19 世纪法国建筑学家罗伯特·理柯拉斯的研究成果。

他观察到扇贝壳体的大波纹上交织着很多小波纹，这种层级结构能够把压力分散掉，从而增强了贝壳的抗压强度。

这一发现对包装行业是一大福音！

工程师们仿照扇贝结构，做出大波纹套小波纹的纸板箱，坚固程度不亚于传统木箱，而重量却只有木箱的几分之一，用完还能打成纸浆回收再利用，非常环保。

现在，全世界的快递都靠这种纸箱来运输，方便又快捷。

1948 年的一天，瑞士工程师乔治 · 梅斯特拉尔出门遛狗时，狗被一种叫鬼针草的植物钩住了，动弹不得，乔治用力才把狗拔出来。他好奇地将狗毛和鬼针草放到显微镜下观察，发现这种草的结构非常特别，其顶端有一个小钩子，能够紧紧钩住柔软的狗毛。

这种结构使得狗毛和草之间的摩擦力增大，需要用力才能将它们分开。

乔治从中受到启发，用尼龙材料模仿鬼针草和狗毛的结构，开发出了魔术贴。

魔术贴一面是柔软的纤维面，一面是布满小钩子的钩面。只要轻轻一按，两面就能牢牢粘合在一起；用力一拽，又能轻松分开。

魔术贴的出现改变了世界，在我们的生活中随处可见——服装、帐篷、鞋子、背包……都能看到它的身影。

然而，这一类简单的仿生学只有对生命现象的观察和模仿，缺乏对背后原理的深入了解，遇到复杂的问题就无能为力了。

扑翼机为什么飞不起来呢？

因为那时人类还没有掌握飞行的真正原理，而只是机械地模仿鸟扇动翅膀的样子，当然无法飞上天空。

直到达·芬奇去世几十年后，欧洲科学家伽利略才发现空气也是有质量的。

结合当时的物理学进展，人们逐渐意识到飞行和船浮在水面上的原理相似，都是通过让空气或者水把它们托起来。

于是，人们造出热气球，用更大的体积产生更大的浮力，让双脚终于离开了地面。

小贴士

2000多年前，古希腊学者阿基米德发现物体在液体中受到的浮力等于物体下沉时排开液体的重量，所以这个原理也称阿基米德原理。到了伽利略的时代，人们将这条原理应用于空气中，用热气球实现了人类飞翔的梦想。

又过了100年左右，瑞士物理学家伯努利提出了伯努利原理，指出液体和气体的流速越大，压强就越小。

这个原理给工程师们带来巨大的启发。

飞机是不是不用扑扇翅膀也能飞起来呢？

只要跑得足够快，就能利用上下方空气压力差把自身托起来。

19 世纪 50 年代，英国工程师乔治 · 凯利在对鸟类翅膀进行深入研究的基础上，设计出一种底部扁平、上部隆起的机翼。这种机翼能让上方空气流得更快，压强更低，从而提升机翼的升力。

他利用这种机翼造出了多款滑翔机，并于 1853 年实现了第一次载人飞行，这标志着人类向天空的探索迈出了重要的一步。

在这些认识的基础上，美国发明家莱特兄弟对机翼的末端进行了改进，加上能翘起的小翼，这样可以减弱空气涡流让飞机更稳定。

如果说隆起的机翼模仿的是鸟的翅根，那么翘起的机翼末端模仿的就是翅尖了。

1903 年，莱特兄弟终于造出人类第一架真正能靠自主动力飞行的飞机，实现了人类几千年的飞翔梦。

小贴士

如今的飞机性能已经飞速提升，比如有些战斗机的速度甚至是声速的好几倍，民航客机也能装几百个人。尽管飞机形态各异、功能不同，但它们遵循的飞行原理却是一样的。这些飞机并不扑翼，扑翼机反而很难飞起来，因此现代飞机更多是受鸟类的启发，却并不是对鸟类的模仿。

人类在第一次工业革命中不仅推动了众多领域的革新，也发明并改进了飞机。

在过去几百年间，人类经历了自然科学大发展，对生命现象的原理有了更深入的了解，仿生学也随之获得更深层次的发展，我们从对生命现象的简单模仿升级到对生命原理的理解与应用。

这种跨越式的进步，正是人类智慧的体现。

然而，人类的智慧并不仅仅体现在对高科技的掌握上，有时候一些看似简单甚至原始的想法，也同样能体现出人类的创造力和对知识的渴望。

有个成语叫“囊萤映雪”，它源自古代书生车胤为了能在夜间读书而抓萤火虫来照明的故事。但萤火虫那么小，飞得又那么快，要想靠它们提供足够的光线来读书，那得抓多少只？浪费多少精力与时间呢？

直到19世纪末，现代科学才把用萤火虫照明的想法变为了现实。

法国化学家拉斐尔·杜布瓦通过解剖萤火虫，用热水和冷水分别提取出其体内两种活跃的化学物质。

这两种物质白天时在萤火虫体内的不同部位“相安无事”，到了晚上却在腹部发光细胞相遇，在氧气的支持下发生化学反应，于是萤火虫腹部就点起了“小灯笼”。

小贴士

你知道吗？杜布瓦不清楚这两种物质的化学结构，就用西方神话中光明使者路西法的名字为其命名为萤光素和萤光素酶。

根据萤火虫的发光原理，人类发明了荧光棒。

工程师设计了一种小棒子，内部用薄膜隔为两层。薄膜内装有一种化学物质，外层再装有另一种。只要我们轻轻一折，薄膜就会破裂，两种物质混合在一起后就会发出美丽的荧光。这就是观众在演唱会上可以挥舞一整晚的荧光棒。

更神奇的是，萤火虫消耗的绝大部分能量都用来发光，只有一小部分变成热量。

相比之下，爱迪生发明的灯泡，要把灯丝加热得发红才能发出光来，这样大部分能量都变成热量散失了。

萤火虫能做到这点，不仅因为具有独特的化学光源，还因为它们腹部粗糙的表面能散射光线，让同样的能量看起来更亮。

这简直是矿工的福音呀！

煤矿工人下井工作时需要照明，但矿井里充满了各种可燃易爆气体，普通灯光很容易引起爆炸。

于是有人发明了冷光灯，它使用发光二极管作为光源，外边再套上经过特殊设计的节能灯罩，这样就能以最小的发热量发出最强的光啦。

小朋友晚上回家时，如果楼道里声控灯灭了，就一片漆黑，很容易摔倒磕伤。

但蝙蝠住在山洞里，昼伏夜出，生活环境黑得伸手不见五指，却为什么从没有碰到过洞里的石头，也不会相互撞到头呢？

1938 年，两位美国科学家格里芬和皮尔斯经过研究发现，蝙蝠在飞行的时候，会不断向前发出超声波，并根据接收到的回声来判断前方的路况。这就像蝙蝠在不断向前“喊话”，并根据听到的“回音”来躲避障碍物一样。

小贴士

为什么人类听不到蝙蝠发出的超声波呢？因为它们的频率太高了，超出了人耳能听到的范围。

雷达的工作原理和蝙蝠的超声波定位非常相似，它们都是通过发射波并接收其反射回来的信号来探测目标，但不同的是雷达发射的是电磁波，而蝙蝠发射的是超声波。

不过，雷达技术的发明实际上早于对蝙蝠超声波定位机制的研究，所以雷达并不是直接模仿蝙蝠而发明的。

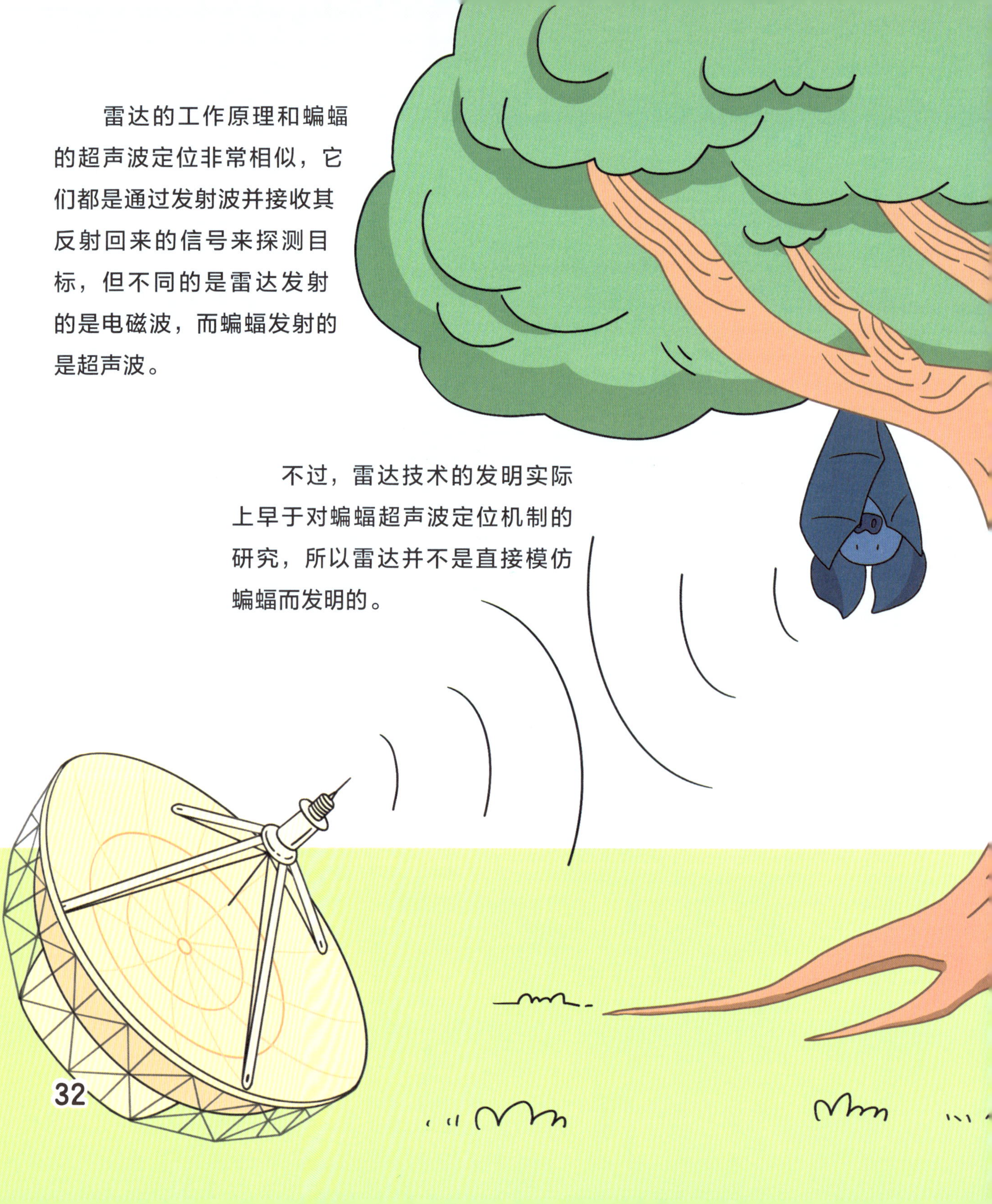

当然，有一种“雷达”跟蝙蝠的定位原理几乎相同。

当爸爸妈妈倒车时，小朋友们是不是经常听到“滴滴”声？那就是倒车雷达在工作。它和蝙蝠一样发出超声波，通过接收反射信号返回的时间来判断与障碍物的距离。但本质上倒车雷达不属于传统雷达的类别，而是一种声呐系统，其工作原理与潜艇用于海底探测的声呐技术类似。

或许你还在展会现场或者视频里见过机器狗，
它们能跑能跳，遇到障碍物也能轻松避开，
真狗都不一定有它们敏捷。

这些机器狗身上藏满了仿生的秘密，它们用来拍摄周边的摄像头模仿了动物的眼睛，时刻观察着周围环境。

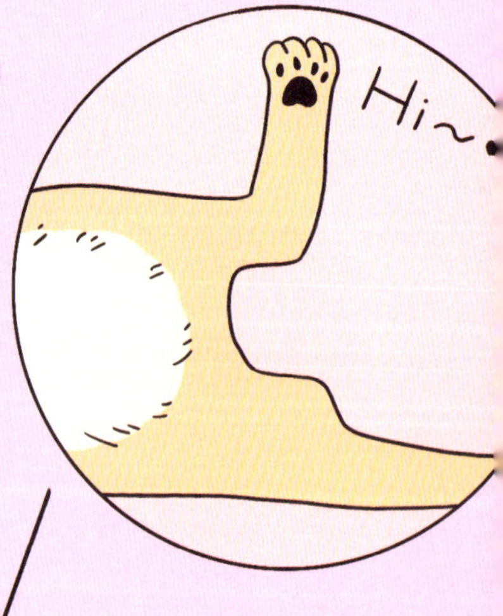

四条腿上安装了舵机来模仿真正的狗腿的关节运动，让机器狗活动自如。

当然啦，最厉害的还是机器狗的大脑。当机器狗行走时，其仿生眼睛会先探测地形，再把信号传递给仿生大脑。

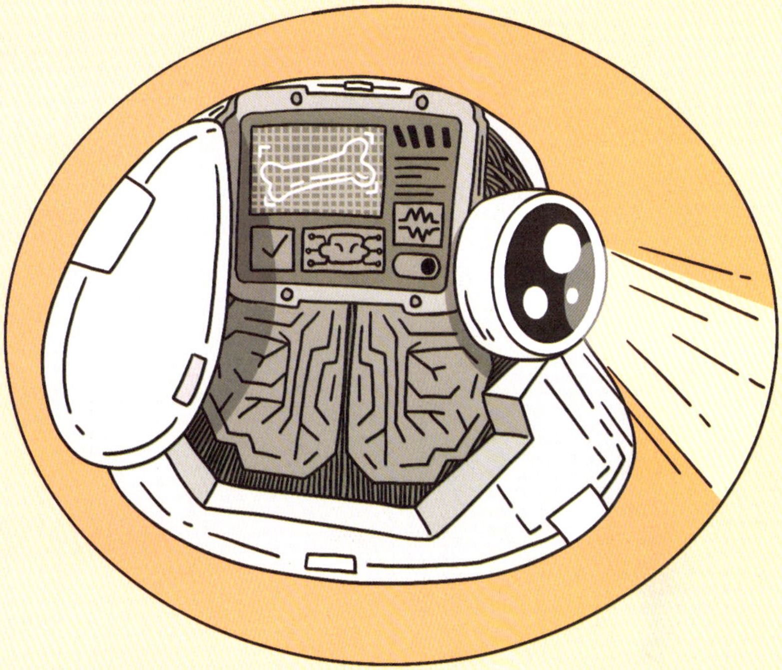

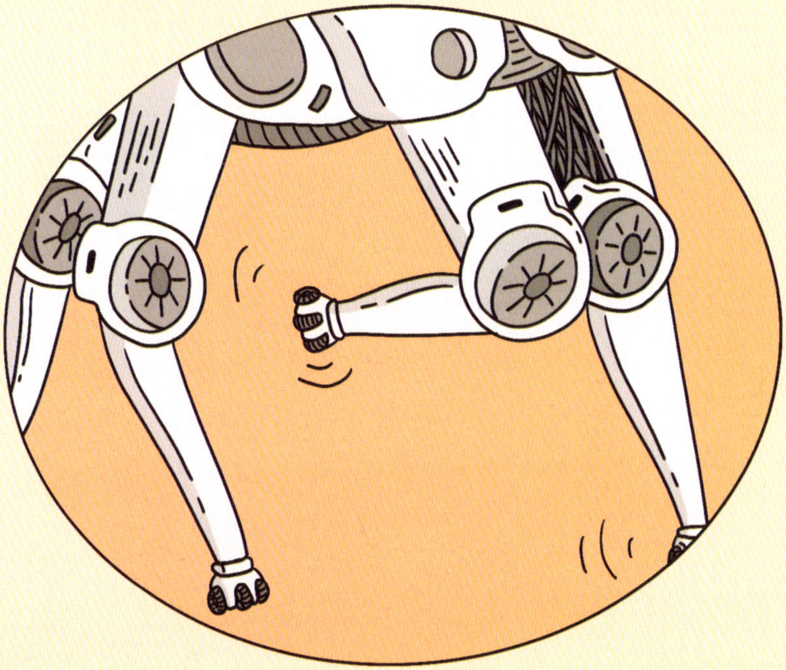

大脑经过运算做出判断后，会给仿生关节发出指令，舵机随即旋转，调整机器狗的四条腿，让它稳稳当当地站立行走，就像个不倒翁一样！

机器狗的大脑采用了人工智能技术。人工智能通过模仿人类思考的一些特性，为仿生学打开了一扇全新的大门，成为最前沿的仿生技术方向之一。

比如人脑十分擅长学习，能从错误中吸取教训，积累正确的经验。深度学习算法就模仿了人脑的这种学习过程，让人工智能不断优化、改进。而且人工智能的运算速度超快，学习速度比人类快很多。

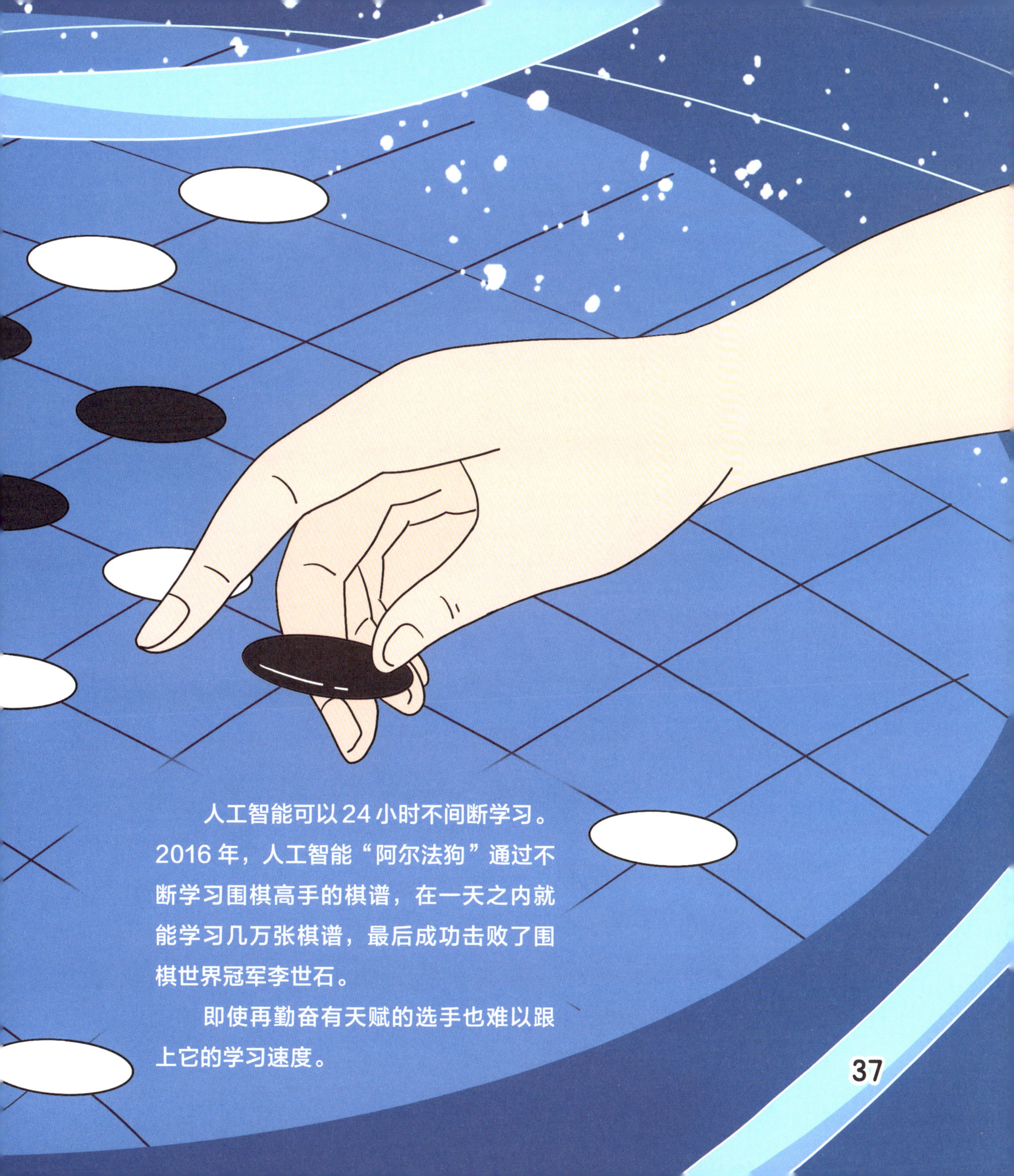

人工智能可以24小时不间断学习。2016年，人工智能“阿尔法狗”通过不断学习围棋高手的棋谱，在一天之内就能学习几万张棋谱，最后成功击败了围棋世界冠军李世石。

即使再勤奋有天赋的选手也难以跟上它的学习速度。

仿生科学真是太神奇了！

从模仿生物的动作，到学习动作背后的原理，再到思考问题的方式，它一直在不断进步。

未来，或许我们还能模仿生物的繁殖特性，让机器也能像生物一样自我生长、自我复制呢！

想象一下，如果有一群能够自我复制的微型机器人，那该多神奇啊！

地球今天的青山绿水，本身就是生命与环境互动的结果，没有生命的火星和金星，表面一片荒凉。

此时这些可以自我繁殖的微型机器人将成为人类的好帮手，更容易按我们的需要去影响、改善这些地外行星的环境。

地球是我们的家园，但不是我们的终点。

宇宙可是个无边无际的大宝藏，想象一下，或许在并不遥远的未来，我们就可以在星际间穿梭，访问神秘的星球，寻找新的家园。

但去往其他星系的路程好远好远，可能要经过千万年。人类很有可能要像科幻电影中的情节一样进行休眠，我们就需要能够思考、擅长学习的仿生人工智能来驾驶宇宙飞船。

小贴士

恒星之间的距离测量单位叫光年，意思是光在真空中走一年的距离，而人类至今最快的载人飞船不过光速的万分之几。以人类目前的技术，飞到最近的比邻星需要几万年。

生命对生存条件的要求很高，即使我们跨越茫茫星际空间，到达的星球环境也可能很恶劣，很难供生命进行开拓。

这时那些能够自我繁殖的仿生机器人将大显身手，它们的数量将呈几何级数增长，以惊人的速度把新星球打造成适合生命居住的新的乐园，为生命的入住打下基础。

或许有一天，人类将走遍整个宇宙，将生命的种子撒向无数星球。

到那时，当我们再次翻开扑翼机的设计图纸，或是看到石器时代打磨的箭头时，我们将会发出怎样的感慨呢？

仿生科学史上 10 位标志性人物

列昂那多 · 达 · 芬奇　　模仿对象：鸟类

意大利发明家、艺术家，写下长篇手稿论述扑翼机的可能性，启迪了后世人类的飞翔梦。

科内利斯 · 雅各布斯 · 德雷贝尔　　模仿对象：鱼类

荷兰工程师，发明出第一艘可以进行实地航行的潜艇，开辟了潜水航行的新方向。

约瑟夫 · 莫尼埃　　模仿对象：植物的根系

法国园艺家、工程师，基于对植物错综复杂根系的观察开发了现代钢筋混凝土结构。

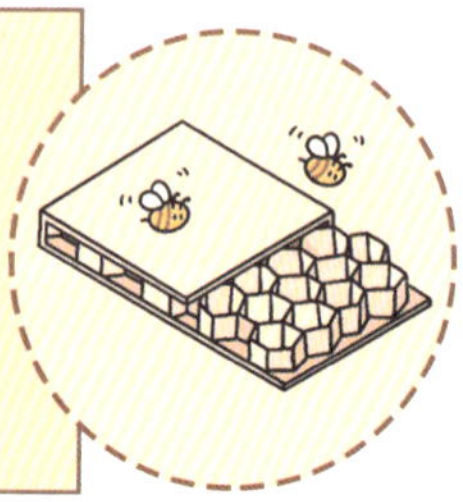

吉拉莫 · 菲利普 · 马拉尔琪　　模仿对象：蜜蜂

法国学者，认真测量了蜂窝的角度，为后世开发坚固的蜂巢状结构打下基础，如今该结构被广泛应用在宇宙飞船和人造卫星上。

乔治 · 奥德马尔　　模仿对象：丝蚕

瑞士化学家，于 1855 年通过将桑叶浸在硝酸，再溶解于溶剂中的处理方式，拉出了人造丝绸，改变了人类的制衣方式。

查理斯·舍里尔 模仿对象：袋鼠

澳大利亚短跑运动员，模仿袋鼠的起跑姿势发明了蹲踞式起跑，大大提高了短跑成绩，目前这已经成为短跑标准起跑姿势。

刘易斯·理查德森 模仿对象：蝙蝠

英国数学家，首次应用回声原理探测水下冰山，后来在其基础上开发出广泛用于水下探测的声呐。

列·雷科勒 模仿对象：人体

美国数学家、设计师，对人体骨骼进行受力研究，并模仿骨骼结构做出大型骨骼结构建筑基础。

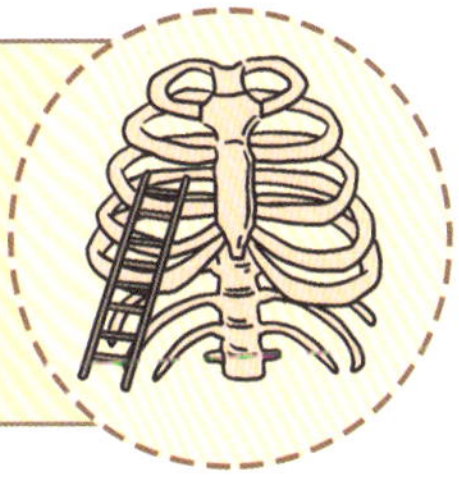

诺伯特·维纳 模仿对象：动物

美国数学家，对将模仿动物和人类技术结合在一起的科学研究方法做出重要理论贡献。

杰克·斯蒂尔 模仿对象：自然

美国医学家，“仿生学”一词的创造者。

如何成为一位仿生发明家？

亲爱的小朋友们，想要成为一位优秀的仿生发明家吗？那就从现在开始，一步步迈向你的梦想吧！以下是一些建议，帮助你踏上仿生学的探索之旅。

建立坚实的理科基础

仿生学融合了航空航天、微电子、材料科学、环境保护科学等多个学科的知识。因此，你需要努力学习数学、科学等课程，培养自己的逻辑思维和科学素养。记住，这些知识将是你未来创新的基石。

文科素养同样重要

科学不仅需要探索和实践，还需要阅读和表达。学好语文和英语等课程，将帮助你更好地理解科学文献，清晰地传达你的研究思路。不要忽视文科的学习，它们将为你的科学思维提供有力的支持。

全面发展，健康成长

仿生发明家需要经常观察动植物，甚至可能需要长时间在野外工作。因此，你需要注重德育、体育等课程的学习，培养自己的道德品质、团队合作精神和身体素质。一个健康的身体和积极的心态将是你追求科学梦想的强大动力。

保持对大自然的敬畏与好奇

多接触大自然，感受它的美丽与神奇。闻闻花香、听听鸟叫，从中汲取灵感，启发你对生命的思考。记住，大自然是仿生学的源泉，保持对它的敬畏与好奇，将激发你无尽的创造力。

勇于实践，敢于创新

有了思考和灵感，就要勇于付诸实践。多做实验，将你对生命的热爱转化为探索的热情。在实践中不断尝试、不断创新，相信你一定能在仿生学领域取得突破性的成就。

加油吧，未来的小科学家们！让我们一起努力，用发明创造更加美好的未来！

后记

在这个日新月异的科技时代，每一刻都充满了惊喜与挑战。小朋友们是未来的主人翁，他们充满了对这个世界的好奇心与探索欲。引导小朋友们正确认识科技、理解科技，激发他们对科学的热爱与追求，我们责无旁贷。

正是基于这样的考虑，我欣然接受了湖南科学技术出版社与我的老朋友——《中国日报》张周项记者的邀请，为《我是未来科学家》系列绘本担任主编。作为《第一推动丛书》的出版者，湖南科学技术出版社在我国科普界具有崇高的声誉。希望我们这套绘本，也能配得上这份历史性的声誉，甚至对它有所增益。

我为这套绘本做的第一件事，是跟邹莉编辑与张周项记者等人商定 10 个前沿领域主题。太空探索、人工智能、基因编辑、新能源、脑科学、芯片、种子……都是引人入胜而且对现实十分重要的新兴科技。当然，还有我最熟悉的量子信息。

我为这套绘本做的第二件事，是努力为本系列的各个主题邀请到相应领域的资深专家执笔。

例如复旦大学生命科学学院退休教授顾凡及先生，是我十分尊敬的科研界与科普界老前辈。他在退休后做了大量的脑科学科普，而且从不人云亦云，对许多热门消息发表过冷思考，如欧盟的人脑计划与马斯克的神经联结公司。最有趣的是，他的这些冷思考多次得到事实的验证。因此由他来担纲解读脑机接口，在质量上就有天然的保证。

又如我的中国科学技术大学师弟——中国科学院国家空间科学中心研究员周炳红博士，他是真正的航天专家，尤其是在火箭推进剂方面。他关于推进剂在失重条件下流动性的研究，对“长征五号”复飞有重要贡献。他和李明涛等同事还研究小行星防御，提出了“以石击石”的新型战略，引起国内外很多媒体的轰动。与此同时，周炳红老师也十分热爱科普，入选了“中国航天科普大使”。实际上，他的科普工作从一开始就是跟我一块做的。由他来解读太空探索，自然再合适不过。

由于篇幅关系，无法在这里对每一位作者都做详细的介绍。但我们可以确定，每一位作者在相应的领域都是响当当的专家。这是我们这套绘本最大的底气所在，是值得向所有人推荐的。

我为这套绘本做的第三件事，是自己作为作者，撰写量子科技分册。在此，我要特别感谢张周项记者，他不但自告奋勇地担任了这套绘本的执行主编，还组织了一支优秀的插画团队。书中的插图既准确又生动，表明他们确实下了很大的工夫来理解量子信息这样深奥的科技，令人十分动容！

每一个领域的专家，其实都能够下笔万言。但为了让小朋友轻松阅读、高效吸收，我们精心将每册内容凝练至适宜篇幅，并融入大量生动有趣的插图。此外，每一册最后都会列出九至十位在此领域做出重要贡献的科学家，还有一个问答：如果你想成为这个领域的科学家，你该怎么办？希望这些编排，能够激发更多小朋友对科技的热情。

《我是未来科学家》系列绘本，是我们为小朋友精心准备的一份礼物。希望通过这套绘本的陪伴与引导，小朋友们能够更加勇敢地面对未知，更加积极地探索世界，成为未来科技的引领者与创造者。让我们一起点亮未来之光，探索科技的无限可能吧！

袁岚峰

图书在版编目（CIP）数据

我是未来科学家. 了不起的仿生科技 / 袁岚峰主编 ; 张周项著. -- 长沙 : 湖南科学技术出版社, 2024. 12.
ISBN 978-7-5710-3308-8

Ⅰ. Z228.1；Q811-49

中国国家版本馆 CIP 数据核字第 2024U5P132 号

WO SHI WEILAI KEXUEJIA LIAOBUQI DE FANGSHENG KEJI

我是未来科学家 了不起的仿生科技

主　　编：袁岚峰
执行主编：张周项
著　　者：张周项
绘　　者：苏奕妍
出 版 人：潘晓山
责任编辑：邹　莉　刘羽洁
出版发行：湖南科学技术出版社
社　　址：长沙市芙蓉中路一段 416 号泊富国际金融中心
网　　址：http://www.hnstp.com
湖南科学技术出版社天猫旗舰店网址：
　　　　　http://hnkjcbs.tmall.com
邮购联系：本社直销科 0731-84375808
印　　刷：长沙市雅高彩印有限公司
　　　　　（印装质量问题请直接与本厂联系）
厂　　址：长沙市开福区中青路 1225 号
邮　　编：410153
版　　次：2024 年 12 月第 1 版
印　　次：2024 年 12 月第 1 次印刷
开　　本：889 mm×1230 mm　1/16
印　　张：3.25
字　　数：23 千字
书　　号：ISBN 978-7-5710-3308-8
定　　价：35.00 元